凱信企管

用對的方法充實自己，
讓人生變得更美好！

凱信企管

用對的方法充實自己，
讓人生變得更美好！

凱信企管

用對的方法充實自己，
讓人生變得更美好！

凱信企管

用對的方法充實自己，
讓人生變得更美好！

彈力帶太極

塑身、防身、防肌少，三效合一生活化

虛靈頂勁

全身鬆開

骨盆啟動

指肘領路

彈力帶太極
Resistance Band Tai Chi

跨領域創造力
挖掘兩系統之間的微妙平衡

　　本身在臺北知名專業體能訓練中心 Beyond Fitness投入私人教練教學多年，在長期教學的過程當中，相當著重於「漸進式負荷原則」及訓練過程中各個學員的「心理素質」，同時身為私人教練，有條理的科學化訓練是複雜且美妙的，在探索身體的奧妙時會發現，自身外在條件並非定奪體能及身體能量的依據，許多人外在或許纖細或如同路人，但其肌肉在運動過程中，卻依然可產生極大動能；而有些人身形看起來壯碩，反而使用肌肉力量時卻沒有期許中的有力，甚至在運動過程當中顯得粗獷緩慢，此時我們通常會以結構性及協調性的基準強弱作為初判。協調性牽扯到肌肉、筋膜、動力鍊、以及配合本體感覺的能力，本書提起的「太極」原理便是箇中的奧妙與精髓所在。

　　憶起，前些日子本人前往泰國曼谷亞洲體適能大會參與研習，其IKFF系統創辦人Steve Cotter，在做教導壺鈴之體能訓練時，提起「太極」二字，更挑戰我們對於所謂的緊或硬的字詞定義，身體必須要能在鬆的時候全然放鬆，該發力時，將放鬆

的部位，透過串連產生極大張力傳導到物體上，這技巧也有人稱之為「巧勁」。

　　相對於「巧勁」，本書也提出「拙力」的概念，簡單説是身體沒有以有效率的方式用力，身體若在不通順的結構下出力，即浪費力氣，最後可能導致受傷。在本書中，將以個例，協助讀者意會巧勁的重要，在動作過程當中要慢並誠實感受身體的回饋，使肢體訊息透過大腦的神經傳導，進而適應，這也牽扯到教學者怎麼跟你説，以及被教導者怎麼接受資訊。

　　為了產生良好的動作品質，彈力帶的確是良好的輔助工具，透過輕量的阻力，教育身體發力的方式，循序漸進的練習，這道理就如同要求一位完全不會英文的人去讀全英字典，跟要求他從基本的字母開始一樣，好的引導自然能帶來好的進步學習，同時符合訓練中「**漸進負荷原則**」，便將能大幅減少揠苗助長的情況。

　　本書也有提到陰面跟陽面，平常生活中太陽會照射到我們常使用到的部分，而陰面是沒有使用到的部位，我們都知道身體會受傷往往來自於身體肌肉的不平衡，如肌肉的協調性一般，單邊太強而另一面則太弱，自然就會造成身體的失衡，產生原因為：長期著重於某部分的肌群而忽略其他肌群，這時有意識的套用陰面跟陽面的道理，著重在陰面的訓練也可以有效

減少不平衡的肌群，進而減少受傷的產生，而這一切巧合總在冥冥之中可以在「太極」中得到印證。此書以深入淺出的方式，暢聊物理原理，並將心理層面與肢體結合，使訓練能夠有多元的方式進行，使廣泛的大眾受惠，希望每位讀過此書的讀者，都能夠透過此書學習找到更多的知識，以及最切合自身身體情況的訓練方法及模式。

沈柏宇

（Beyond Fitness 專業體能教練／資深經理）

推薦序二
覺察

　　仔細覺察身體感受，身體適當的訓練、適當的休息，動靜皆取一平衡。

人氣美魔女　小蒨老師

（《座椅瑜珈》作者／瑜珈、體適能老師）

太極拳的最高境界

　　太極生活化，行住坐臥無不太極，可從鄭曼青宗師墨寶找到練功方法：「行如沙漠走駱駝，坐對人間笑彌勒，處則兩足虛實分，臥似彎弓向右側」。從此太極拳學者融進日常生活中，必須體悟太極拳如何不用力，用的是重力與借力。用全身的重量、借對方的力做以柔克剛或四兩撥千斤，四兩撥千斤是習慣性用語，理論上不可能，因為撥還是用手上局部的力量。正確的來說是「牽動四兩拔千斤」。藉由對方的攻力，輕靈鬆沉控制在對方身上，將對方拔根。

　　先師陶炳祥先生曾特別將李雅軒大師的文章，用紅筆畫出給我參考：「虛無的氣勢，才是太極拳的最高境界」，特別註記如何放鬆？兩臂放鬆就像繩子拴在身上。在其遺著《太極拳推手淺說》中更提及日久功深會體會到有一柔軟無形的網絡籠罩周身等語，陶老師是學機械，特別喜好用力學原理詮釋太極拳氣，尤其是動量、慣性與槓桿。很高興本書將太極拳理論融入彈力帶，體驗形而上的太極。

本書對太極拳貢獻極大，而沈教授文獻廣博深入，從「鬆」、「生活化太極拳」、「太極傘」、「常見的誤區」、「太極文創武藝創意競賽」、「策略風險管理與太極拳拳理應用」……等。二十年來我這位小師弟有幸能伴隨沈教授理路成長，惠我良多，在師兄身上，我更看到了「尊師重道」的那份真心誠意，老師生前善盡弟子相，老師歸道山到現在仍念茲在茲老師高妙鬆柔的拳藝，風範為吾輩所敬仰。

　　彈力帶可練習到動中平衡，從頭頂百會到腳下湧泉一條中線，做三度空間旋轉與平衡。物理發現於自然，應用於生活，日常隨時要注意練功融入生活，從行住坐臥到掃拖地……要細練，不要苦練，循序漸進，鬆沉原本就是一體，放鬆之後出根勁，有了根勁更放鬆。中線做好，腰腿有力，別人一拳打來，操之在己，心情當然不緊張，所以人不知我。要順勢、輕靈、力盡自然空。走化時由手而腰而腿也是完整一氣，保持彈性，自身要保持磨轉心不轉，中線要保持平衡，可多練習太極彈力帶。

　　進而練功心得我主張「勢勁合一」，勢是拳勢中的動中平衡，勁是內勁。 陶師說一條線、一條腿、一起動。指的是上下相隨，內外相合，一動全動，周身節節貫串，當行氣運身時，隱約中有一線自湧泉之根，將整體貫之，使其能齊一而動。自修以四正手為主，單重練法再加鬆腰落胯，氣機會騰然於手，

可腰腿就酸楚無比，一分鐘都受不了，但這是長勁過程，只要不捨棄，日久功深，只怕失去信心與堅持，不怕事功之不成。

欣聞太極彈力帶公諸於世，誠吾道之福，安為廣長舌，做七言絕句一首樂為推薦序。

周身貫串勁中藏　一動輕靈百煉剛
四兩千斤彈力帶　神功至妙化陰陽

邱敏祥
（臺北市太極拳養生學會常務理事／太極拳國家級教練／
體委會太極拳中正盃推手比賽第一名）

中國傳統武術的挑戰和衝擊

　　2020年，臺灣的健身產業，蓬勃發展進入另一個新紀元，北臺灣的運動中心朝向一個行政區建立一座邁進，全臺大小健身房如雨後春筍般的在街頭巷弄競相開設，遽增的養生健體人潮使瑜珈、Pilates、跑步、飛輪、重訓成為一種流行時尚；而槓鈴、啞鈴、壺鈴、TRX、彈力帶則是一個個酷炫的新名詞。

　　格鬥技產業的發展，也不遑多讓，因應運動中心和健身房的多元營運，格鬥課程的需求量與日遽增，而新開的武館數量也大幅成長，其分店擴展、室內裝潢、場地規模和管理制度更是直逼連鎖健身房等級的電子科技化。此外，國外眾多格鬥技陸續進入臺灣做師資培育、開班授課，和舉辦擂臺比賽，如：古泰拳、急所術 Kyusho、以色列武術 Krav Mage、巴西戰舞 Capoeira、巴西柔術 BJJ、職業摔角 Wrestling、菲律賓武術、俄羅斯武術Systema和MMA綜合格鬥技等等。

　　就在健身產業和格鬥技產業皆是一片欣欣向榮之際，中國傳統武術的「養生理念、健體價值、格鬥技擊」三面相正遭受著前所未有的挑戰和衝擊。

中國文化的形成與發展，融合了眾多的民族特性，各地區的歷史演進寒木春華，中國傳統武術也就在相異文化穿插交疊的興衰更替過程中，聚集、衍生，最終形成蘊含著中華傳統的陰陽五行八卦哲學、肢體美學、中醫學、養生學、軍事學、宗教學、社會學、倫理學和經濟學的技術體系與理論體系，一種獨特的東方技擊文化。在技術體系的發展過程中，套路，是主要部分，帶著濃烈韻味的肢體語言，展現出中國傳統武術各門各派的思維格局、動作形式與技擊特點。

　　中國傳統武術，師法自然，取之天地，若不是動物拳，如：虎拳、鶴拳、螳螂拳，就是哲學拳，如：太極拳、八卦掌、形意拳。學練中國傳統武術，是困難的，非常不容易，因為它的舉手投足都不是「人」的動作，不是在日常生活中會自然做出來的動作，要學它要練它就必須棄舊迎新，重新習慣一種動作模式，重新灌輸一套思維邏輯。面對簡單自然的一肘一膝三拳三腿，肘擊、膝擊、平拳、鉤拳、下鉤拳、前蹬、側蹬、鞭腿的外來格鬥技的衝擊，具有繁複手法與多樣腿法的中國傳統武術各門各派，該如何鍛鍊出攻防破壞力？要如何習慣成自然反應？如何在有簡單自然可以選擇時，願意選擇繁複多樣，且必須重新做人的中國傳統武術？

隨著槍砲火器科技的極致發展，肉搏與械鬥的中國傳統武術逐漸退出戰場，轉移至民間。失去生死搏命戰場的中國傳統武術，文化道德內涵慢慢擴大，取代了具有層次、布局、設計的格鬥技擊內涵。而技術應用，也從殺人技巧轉為套路演練和動作示範。在國外各類格鬥技皆競相舉辦擂臺比賽，以增加技術運用和提升戰鬥技巧的經驗之時，沒有擂臺比賽的中國傳統武術，該如何延續其格鬥技擊內涵？目前國外眾多格鬥技喜用的槓鈴、啞鈴、壺鈴的鍛鍊模式，存在意義轉移後的中國傳統武術，是否也能使用相同的鍛鍊模式？

順應全球格鬥環境的改變，中國傳統武術是確定要變的，從各類格鬥技的他人經驗中抽取出共通經驗，對已有進行改善和優化，朝現代化的方向去發展。但現代化改變，是否即為西方化？要如何在改變中依舊保有中國傳統武術自我，我想這是現今每一位中國傳統武術者要投注心力去突破的現境。

陳照明

（臺北活力身體工作室體適能教練／詠春拳教練）

內在流動的能量

　　太極拳的精髓如此地奧妙而不易體會，透過彈力帶的阻力來協助學習者進一步了解，融會不同特性並加以結合，無疑是簡單、省時又具創意的好方法。本書中詳細的介紹了初學者在學習太極拳的動作中可能會遇到的問題，並提供多元的鍛鍊方式，圖文並茂，學習者跟著書中的步驟練習，能一步一步的進入太極拳中的不同程度的體會。

　　本人身為一位亞歷山大技巧老師，也常思考這兩種方法的同異性，亞歷山大技巧是一個有系統的西方身心整合技巧，觀念上卻不約而同的與太極拳中的幾個要求有異曲同工之處。特別在虛靈頂勁全身鬆以及用意念來帶領氣的概念上，可以說是從不同的角度切入解釋，但卻在尋找非常接近的身心整合狀態。在解釋何謂「鬆」的概念上，太極拳中豐富的解讀用語常作為個人在體會何謂鬆的想法參考依據，很高興能有幸讀到此書，不僅多認識了一種體會太極拳的方法，也進一步反思與整合了東西方的智慧。

張郁婷（亞歷山大技巧老師）

彈力帶太極的高度綜效

　　太極拳與彈力帶都是歷史挺悠久的運動，較可惜的是，因為它們都不是那麼的容易學得透澈（所謂易學難精），或是並沒有相當程度的被商業化，所以知道或學習的人雖多，深入的人卻挺少。

　　太極拳雖然是在國內相當普遍的運動，但是絕大部分的學員學完一些動作，就覺得已經學完、學會太極拳了，這就好像是入寶山卻只挑了塊一般的石頭，頗為可惜。更多人的想法是太極主要只合適於老年人的運動，年輕人並不適合，這也是相當程度的誤解。另一方面，傳統武術在擂臺上屢屢敗給格鬥搏擊，讓太極拳本來防身護身的功能也蒙上些陰影。

　　至於彈力帶運動，它的CP值極高，又有各種變化應用可以練習，雖然許多學術研究發現，其效果不會差於其他昂貴的器械，但同樣因為從商人的角度而言，販售利潤不高，也就不如其他健身甚至重訓器材受到更多的推廣。

　　本書作者群與審訂者們在偶然機會發現，彈力帶與太極的有效互補與結合，能高度發揮綜效，經由許多理論研究與實務

操作實驗，推出本書；也希望提供更好的身心運動模式。我們雖然多半在運動產業只是業餘，但是花在研習彈力帶及太極的時間與金錢，可能還超過各別的職業生涯專長。

現代是個知識跨領域整合的社會，本書作者群與審訂者們的專長，包括了運動理論與實務的探討，也針對不同東西方相關流派的研習，希望能將每位都幾乎數十年來鑽研的經驗分享出來，提供讀者一個全新的學習空間。

今年剛好是百年僅見的COVID-19（新型冠狀病毒肺炎）肆虐期，更期望讀者能經由本書許多身心動作建議，來提升自己的體能與免疫力！

楊典岳、鄧秀娟（JoJo）、沈大白

目錄

第一章

彈力帶與太極的美好邂逅

彈力帶太極
Resistance Band Tai-Ch

01 CP值最高的運動

彈力帶與太極拳皆為歷久不衰的運動項目，而兩者結合成為「彈力帶太極」之後，更成為時下很夯的一項運動。

其主要是因為大家越來越重視身心協調、生活應變與免疫力的提升，太極拳在這些面向裡又一直是被公認特別有效果。但若練太極拳仍只是依樣畫葫蘆，那麼功效還是很有限的。

彈力帶太極除了更能幫助習者體會太極拳的精隨—「鬆」的奧義之外，對於肌少減緩、心肺功能提升，甚至瘦身雕塑，都能有幫助！

02 彈力帶簡史

彈力帶的歷史最早可追溯到二十世紀初期（1900年代初期），早期是利用手術橡皮管（Surgical Tub）應用在復健與運動輔具上。

提供一般民眾普遍使用，其發展則是：

- 1901年美國伊利諾州的芝加哥市的Whitely Exercise公司（如上圖海報）所帶動，當時主打的訴求是：「男生的力量，女生的優雅與美麗，兒童的健全發展」（Strength for Men, Grace and Beauty for Woman, Perfect Development for Children）。

- 1960年代，彈力帶運動的優勢更受到復健師與運動訓練師的青睞。

- 1978年，兩位物理治療師在美國俄亥俄州阿克倫市的The Hygenic Corporation發展出目前熟知的Thera-Band ®彩色多層次的標準化（5 3/4 inches）長度彈力帶。

- 亞洲國家，日本的永田孝行（Nagata Takayuki）健康科學醫學博士也積極倡導彈力帶的應用，甚至有些人還稱彈力帶為「永田繩」。

　　雖然彈力帶的發展已有頗長的一段歷史，但或許是因其很早就被普遍應用，相關較嚴謹的研究一直到1984年才有了第一篇由Aniansson所發表的專業研究報告。

　　經過不斷演變，雖然各種輕重型器械以及商業化輔具的陸續推出，但是也有一些研究發現：應用彈力帶運動的效果與一些啞鈴或其他重訓器材並沒有明顯的差異；更其因輕便性、趣味性與多樣化的特性，以及其廣泛的適用對象，包括不同年紀，如銀髮族、不同身體狀況，包括傷後復健族群、不同運動需要，包括業餘與專業訓練、不同目的，包括體重控制與健美塑身等等，所以彈力帶的應用仍然歷久不衰，幾乎成為CP值最高的一種運動輔具。

03 太極拳與彈力帶結合的化學效應

◆ 有人問：「太極拳不是要求盡量放鬆，那為什麼還要結合彈力帶來增加阻力呢？」

儘管太極拳有許多優點，但許多事物有利就有弊。太極拳最大的缺點就是：太難了（能記住全部的招式已經很不容易了）！許多人在練習完所有的動作之後，就以為是學完了整套太極拳，把它當作太極操來練習，這就如同「入寶山卻只取得普通的石頭」一般，是很可惜的事！甚至有許多人練了數十年，也沒有辦法體會太極拳的真諦；更有不少人因為太極拳動作緩慢，覺得無趣，錯過了取得寶藏的機會。

話說回來，「有利就有弊」這句話完全可以套在彈力帶太極上面，如同《楞嚴經》裡提到的：「一個人問『月亮在那裡？』」有人用手指向月亮，說月亮在這裡。但是你不能只看手指頭，而是要看月亮，你光去看手指頭，不看月亮，是沒有用的，畢竟手指頭不是月亮。」

太極拳講求的是意念與輕鬆，當彈力帶太極各招式都能熟稔勝任，不用彈力帶的阻力，也能夠以意念知覺體會各式在肌肉運動的細微變化時，就能夠達到不用彈力帶來習練太極，可以純用意念來替代，太極拳也就達到另一個境界了。但不可否認，有超高悟性的人仍在少數，多數人仍需要某些指引才能望

月，彈力帶會是一種極好的教學與習練輔具，好像渡船一般，有助於協助到達太極拳更高境界的彼岸。

　　彈力帶的原文是 "Resistance Band"，意思是「有抗性的帶子」，強調的即是它的阻力功能。而太極拳強調「用意不用力」。問題什麼是「意」？常常是只可意會不可言傳。其實從某種角度來說，意也是一種阻力，傳統武術和太極拳有一些所謂的心法口訣，像：「知覺運動」、「空氣中游泳」、「陸地游泳」、「手伸但伸不出去，手收但收不回來」、「爭力試力」、「蹚泥步」、「擰轉力」、「練拳時無人似有人」、「八面支撐」、「對拉拔長」、「有上即有下，有前即有後，有左即有右」、「自己阻力越大訓練效果越好」、「靜中觸動，動中求靜」（「靜」字由青與爭組成，就是初生的競爭）」等等，均與阻力有關，但若完全靠意念來想像阻力，可能會因為沒有耐心較難以體會，或是神經傳導可能較不靈敏，而無法感受，這時若提供適當阻力的彈力（阻力）帶，就有機會產生相當大的發揮空間，正是所謂的「反者道之動」。

◆ 如何體會太極拳的「鬆」？

太極拳既然講求「鬆」，而在醫學上最著名的放鬆技術，幾乎都會參考Jacobson在1938年於芝加哥大學出版的《漸進放鬆法（Progressive Relaxation）》，其最初的步驟就是先緊張再放鬆，以體驗放鬆與緊張的對比。畢竟，不知緊又如何知鬆呢？

基於高爾肌腱器（Golgi Tendon Organs，位於接近肌肉的肌腱上，是身體的一個「感應器」）的功能，當肌肉收縮到一定強度及一定時間後，高爾肌腱器會傳遞訊息到脊髓，促使收縮的肌群放鬆，也增加抗肌群的張力。

當然，不諱言的，太極拳重視的是意不是傳統的力；「意」強調的是想的方向而不外露著相，對阻力有知覺以後，最後不用彈力帶，也要能在行拳時感知阻力的存在。

◆ 彈力帶的功用

彈力帶是一個非常實用且方便的運動器材，它可用在：

• 阻力訓練

• 復健運動，例如：肩關節復健運動，彈力帶更是負責初步肌力恢復和喚醒肌肉力量等作用。

- 配合音樂節奏做有氧運動。

- 平常在熱身的時候，也可以運用彈力帶增加阻力，來增強熱身的效果；或是在重量訓練時，用來稍微增加難度。若本身肌力太差，論「鬆沉」也是奢談。

- 可以鍛鍊到平常訓練不到的小肌群。因為一般的訓練器材，像是啞鈴、槓鈴等等，這些器材的重量都較重，會促使大肌群用力而產生代償，反而訓練不到那些具有特別功能的小肌群，而彈力帶重量輕，就可以減少代償，鍛鍊到小肌群，像是旋轉肌群的穩定，就常常需要利用彈力帶來做訓練。

　　這裡要特別申明：平常在做訓練時，還是要以鍛鍊大肌群為主，接下來才是小肌群。太極拳重視的不只是力量，小肌群與深層肌群訓練的平衡與穩定，更是太極拳的特色。

　　有鑑上述種種，顯而易見的，太極拳與彈力帶的結合真是天作之合！在臺灣也有博士論文研究與國際期刊發表發現，太極結合彈力帶練習，具有顯著的正向效果。

第二章

百變彈力帶

彈力帶太極
Resistance Band Tai-Ch

01 應用彈力帶的練習要點

　　了解了彈力帶的發展史與對我們養生、健康的幫助之後，接下來，如何開始有效地應用彈力帶，是相當重要的一環。

◆ 彈力帶的應用要點：

1. 選擇適合自己的適當阻力彈力帶。不同顏色彈力帶有不同的阻力，選擇時量力而為，不要超過自己能夠承擔的負荷量。另外，須定期檢視彈力帶是否損壞。

2. 事前的熱身是絕對是必要的。

3. 固定彈力帶的方式沒有嚴格的規定，但以安全與方便為原則，例如：在手上打結的固定方式。

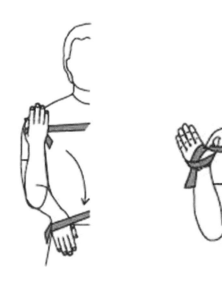

（彈力帶「在手上打結」的固定方式示範）

4. 適當覺察自己的姿勢是運用什麼樣的力量，感覺動作中全身的變化，運用合乎生物力學的動作，全身適當的放鬆與伸展。儘量不要重複進行代償的動作。

5. 不要憋氣，要讓呼吸順暢；在較費力的動作時吐氣，順應彈回時要吸氣。

6. 若身體有某些關節不舒服，則要暫停相關部位的運動；如果做完運動兩小時後身體某部分仍有疼痛感，要適當調整時間或減少疼痛部分的阻力。

7. 一開始時的動作要緩慢，過程中用均勻的力量來控制彈力帶，不能反讓彈力帶拉著你、控制你，也不要讓彈力帶快速的彈回來。

8. 全身放輕鬆地來專注動作，不要緊繃用力。當動作不順暢時，寧願重來而做得更好，因為人的身體是有記憶的，一定可以越練越好，千萬不要放棄。

02 彈力帶的應用模式

　　彈力帶的運用方式幾乎沒有止境，在安全範圍內，每一個人都可發揮創意或同時使用多條彈力帶來練習。

　　以下列舉並示範一般人較常做的彈力帶動作有哪些，您可以跟著分解動作或掃 QR CODE 跟著影片，一起來練習看看。

◆ 彈力帶應用模式：

1. 穩定肌力，矯正軀幹（彈力帶纏繞在軀幹）

(1) 肩胛骨部位

方式

將彈力帶纏繞在肩膀的位置。

動作／功效

綁著彈力帶能增加瘦身的速度，除了能夠順暢淋巴以外，加上拉伸動作，對於駝背也有矯正的效果。

◄◄ 在肩膀上綁好，可以有效
改善肩胛骨的拉伸位置，
也對胸腔恢復正確位置有
所助益。

然後作各種手臂活動時，▶▶
除了有助於胸背骨骼的正
確安置，也能減緩相關的
痠痛。

(2) 腹部骨盆部位

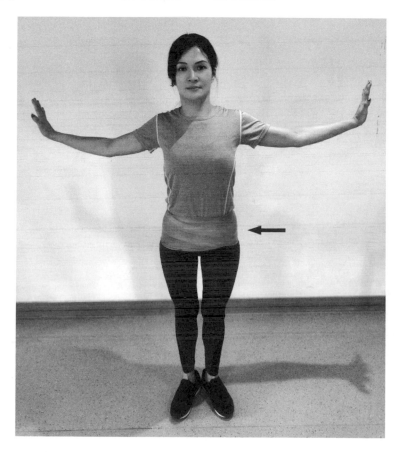

方式

將彈力帶綁在骨盆位置。

動作／功效

對於骨盆歪斜有矯正的效果。

◄◄ 配合纏繞在髖骨
位置的彈力帶，
除了幫助本體覺
髖骨位置所在，
雙手合在胸前，
也能穩定上半身
與放鬆脊椎。

← 髖骨

（圖1）

◀◀ 以胸前為中心，雙手左右
輪流來回移動（圖1＋圖
2），可訓練感覺以骨盆
啟動的效果，順便增加腰
腹部減脂的功能。

（圖2）

2. 單一阻力，雕塑手臂與強化下肢

(1) 手與手

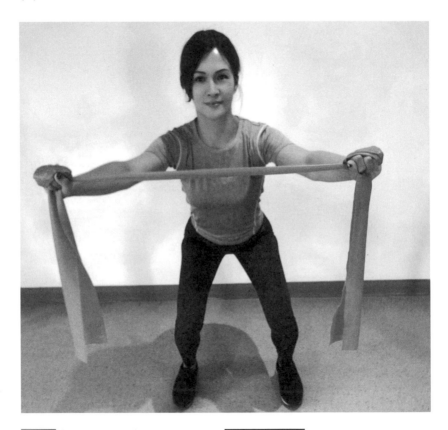

方式

將彈力帶分別固定在左右手上，雙手拉開呈一水平線。

動作／功效

利用彈力帶阻力，強化雕塑手臂；大腿與臀部的肌肉，配合深蹲的效果，強化下肢的力量。

▲ 加強版的過頭深蹲，雕塑手臂（去除蝴蝶袖掰掰肉）。

▲ 雙手抓彈力帶高舉過頭，抬頭挺胸，
訓練腰腹背的肌力與穩定。

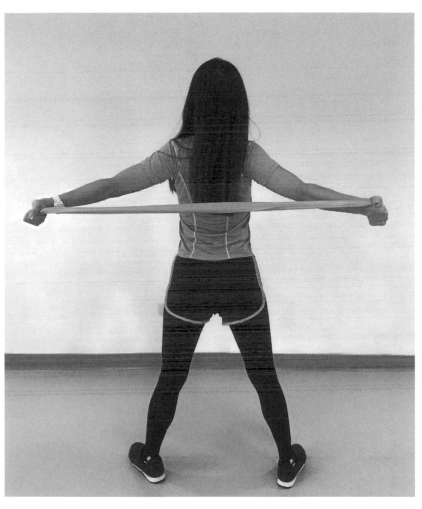

▲ 雙手抓著彈力帶繞過頭之後，慢慢向背後伸展，停留在
　腰部，反覆上下移動，除預防五十肩，也強化腰腹肌力
　的訓練。

(2) 手與腳

方式

將彈力帶一側踩在腳底下，要踩
穩；兩手拉著彈力帶的另一側。

動作／功效

下壓拉伸，打造腰腹部訓練。

▲ 弓步深蹲，加強股二頭肌的鍛鍊，對於走路疲累有所幫
　助，也有瘦小腹的功能，配合彈力帶向上拉伸，更有加
　強背肌的效果。

▲ 左右腰側輪流轉動，雙手同時向上拉伸，增進瘦
　腰腹的效果。

(3) 腳與腳

方式

彈力帶綁在小腿上,雙手與大腿打開成 V 字形。

動作/功效

前後左右拉伸,能消除小腿腫,瘦小腿肚,對改善蘿蔔腿有助益。

▲ 將彈力帶套圈在大腿處半蹲，雙手交叉胸前，改善大腿外側的馬鞍肉。

▲ 左右腳向前跨步，腹部挺直，增加股四頭肌與股二頭肌的鍛鍊。

90°

▲ 單腳挺直，另一支腳抬舉約90度；左右腳輪流抬舉，
幫助訓練小肌肉與穩定度。

3. 複合阻力

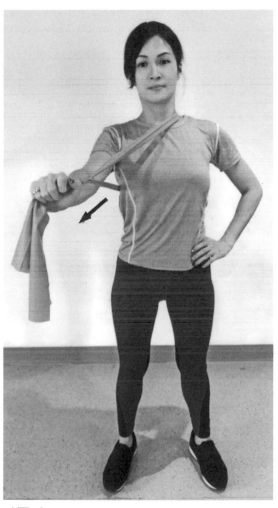

（圖1）

將彈力帶斜掛在身上，運用四肢與軀幹伸縮，例如：肩胛與手。

動作／功效

將彈力帶往斜掛的另一方平行拉緊再放鬆，幫助消除肩頸筋膜沾黏，降低肩膀左右歪斜，改善血液循環與新陳代謝，改善自律神經失調以平衡交感神經與副交感神經的效果。

（圖2）

4. 雙人互動模式

（圖1）

方式

使用兩條彈力帶，
兩人共同操作。
（圖1＋圖2）

動作／功效

兩人分別握住彈力帶兩端，握緊，輪流向
上向下互拉兩條彈力帶，除了鍛鍊本身肌
肉以外，更增加對外界刺激下以平衡本身
肌肉控制力道的功能。

（圖2）

▲ 一人腹部纏繞彈力帶緩慢向前，另一人雙手拉住穩
　定。練習本動作要互相注意安全。此動作亦可用外部
　固定模式練習；可以柱子纏繞或其他物件固定彈力帶
　之一端再加以練習。

第三章

熱身不只是熱身

太極推手淺說
參氣的秘密

Taiji Push Hands
The Secret of Qi in Taiji Quan

陶炳祥 著
Ping-Siang Tao

彈力帶太極
Resistance Band Tai-Ch

01 無人似有人，靈活的攻防練習

一般來說，大部分的運動其熱身一來是為了讓身體能夠適應激烈活動的準備動作，目的是要提升體溫，使身體變得較暖和；另一方面也可預防或減少運動傷害，更可增進肌肉反應靈活。不過，**傳統武術或太極拳的熱身，更重視要有綜效，就是即使是熱身運動，動作上仍然要有攻防的意念，而且要養成習慣。**以前的老師在熱身時，還會要學生趁機偷襲他來幫助練習，就是要練成反射動作，舉手投足均有一定的效果，正是所謂的練習時「無人似有人」。

無人似有人，靈活的攻防動作說明（如三張連續圖片）：

（圖1）黑褲人從白褲人身後偷襲。

（圖2）白褲人左後背感覺有力量推來，於是把重心適當的交
到右腳，身體如陀螺般右轉。

（圖3）右手順勢推黑褲人一把，黑褲人自己失去重心與平衡。

我們在練習熱身時，也可想像有人攻來，當練習一陣子之
後，自然就培養出一些下意識的反應。

02 熱身基本動作（起落運動）

◆ 七種基本熱身動作的效果

動作1：是練習放鬆肩胛與胯部，做到陰陽分清，接著就要
練陰陽相濟。

動作2：可意想別人要勾我腿，我走化掉。

動作3：是練矢狀面的起落。垂直運動是太極拳返璞歸真的奧妙
精髓。動作熟練後，可以意想一手下採，一手上登。

動作4和5：練習應對前方擊來的狀況。

動作6：練習應對後方擊來的反應。

動作7：除了深化動作6之外，也可模擬練習有人從前面拉踩，
或是突然被從後方撞擊時的緊急因應措施。

◆ 熱身動作分解

動作1：如意揉胛 （圖1＋圖2＋圖3）

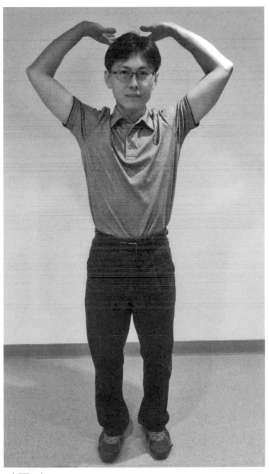

（圖1）

功效

練習提舉手臂時，同時以能鬆沉肩胛骨附近肌肉的方式來提舉。

動作

雙手上提，盡量讓雙肘在耳後，就像手執一如意（不求人）搔後背的癢的姿勢。

◄◄ 以肩胛骨附近的肌肉帶動，先順時針轉若干次，再逆時針轉若干次。

（圖2）

（圖3）

動作2：踢毽揉胯 （圖1＋圖2＋圖3）

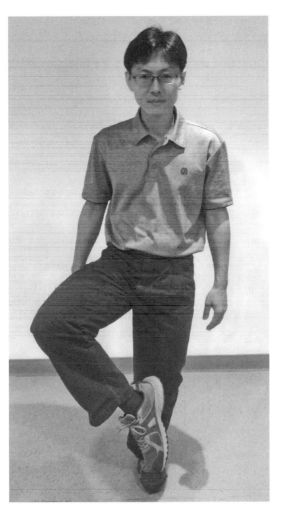

（圖1）

功效

防他人勾掃腿時能迅速提起，也能踢人。

動作

- 由髖骨處提一足，分別向腿內側、外側，與向後揉胯好像踢毽子般。

- 換提另一足來踢。若開始站不穩，手可扶著牆或柱子。

（圖2）

（圖3）

動作3：瓶花落硯 （圖1＋圖2）

功效

練習起落借地心引力
與反彈的力量，雙手
順勢撥化與攻擊。

動作

落胯配合一手上提，
另一手放下，然後再
落胯；接著換手，上
提之手放下，放下之
手上提，如此反覆做
若干次。

（圖1）

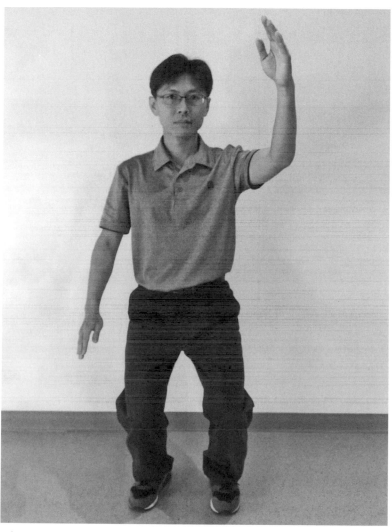

（圖2）

▲ 每做一次就**身體稍稍下沉些**（注意：不是彎曲膝蓋），肩
胛骨附近肌肉放鬆，胯附近肌肉也要放鬆。

動作4：前順捋抱 （圖1＋圖2）

功效

他人欲從右側攻擊頭胸，右手可牽採化撥，左手順勢推打。另一邊效用相同。

動作

左跨落，身向右邊轉，重心偏移左腳，手如貨郎鼓（鞀）槌般，順勢右手上、左手下如抱球般。換邊同樣動作。

（圖1）

（圖2）

動作5：前拗扭抱 （圖1＋圖2）

（圖1）

功效

他人欲從右側攻擊胸腹，右手可牽採化撥，左手順勢推打。另一邊效用相同。

動作

左跨落，身向右邊轉，重心偏移左腳，手如貨郎鼓（鞀）槌般，順勢旋轉右手下、左手上，如用手背抱球般。換邊同樣動作。

（圖2）

動作6：甩腰擺尾 （圖1＋圖2）

功效
他人從左後側攻擊，
右手可轉化，順勢左
手擊人。另一邊效用
相同。

動作
右跨落，身向右後
轉，重心偏移右腳，
手如貨郎鼓（鞀）槌
般，右手順勢甩到身
後。換邊同樣動作。

（圖1）

（圖2）

動作7：護膝落地 （圖1＋圖2＋圖3）

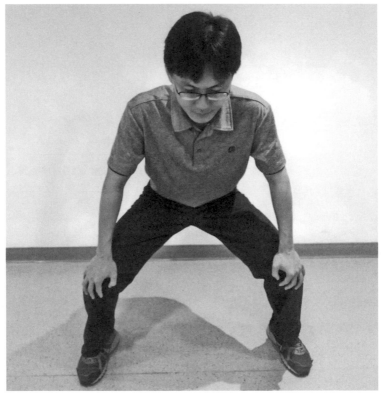

（圖1）

功效

當他人由後面重力推或由前拉採時，身體順勢送出，可降低當重心不穩跌倒時的傷害。另一邊效用相同。

動作

雙足張開約一個半肩寬，雙手按在雙膝上，重心左右移動兩三次。

（圖2）

▲ 腰持續右轉，左手向前伸，左胯直下落，膝蓋順勢下沉。

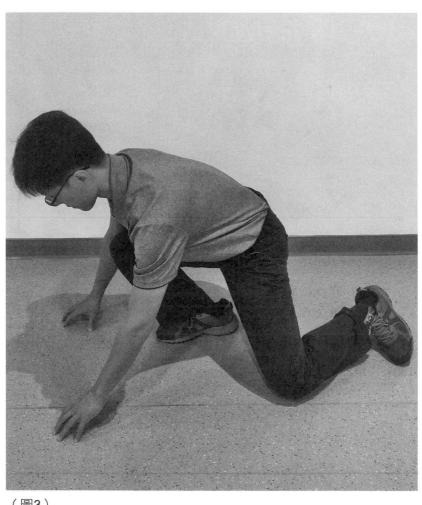

（圖3）

▲ 手輕觸地。另一邊同樣動作。

第三章　熱身不只是熱身

第四章

彈力帶太極十八式（勢）

01 習練太極拳基本要求

◆ 練習太極拳的八大要求：

1. **虛靈頂勁全身鬆開：這句話大概是習練太極拳最重要的重點，不過要做好又極為困難。**

方式

- 頭要虛虛領起，周身與軀幹四肢鬆開鬆沉（初步是兩肩膀兩胯）。具體來説，頸部（主要是寰枕關節）放鬆，兩眼平視（顧），打開視野（盼），各感官功能（聽覺、嗅覺、觸覺等也要放鬆的打開，感知自身與周遭的空間與變化，但也不去主動追逐），這樣對實際應敵之距離感也有幫助。

- 頭要有已準備向前向上送過去的「運」的意念（身體已準備好去「動」，但還差最後臨門一腳，而外表尚未表現出來），此外頸部也要鬆（前側舌根與後側枕下肌群鬆開，也可意想如天鵝，但絕不可用力緊張），才能做好虛靈頂勁。

- 身體整體3D放鬆，骨盆不要太前傾或後傾，地心引力自然能讓脊椎鬆開有彈性，肋骨與腹部附近肌肉也能鬆開。同時，因為反地心引力作用於身體的自然彈性，以及呼吸的壓力，胸椎向上支撐了，頸椎又支撐了，頭自然的向上向前。

　　若想深入理解「虛靈頂勁」的理論、做法與功能，也可以參考西方知名身心學（Somatics），亞歷山大技巧（Alexander Technique）的系統論述，其最基本理論就是認為頭部作為的主要控制（Primary Control）的重要性，也就是指頭頸部的引領關係，決定了身體與動作的最重要品質。氣沉丹田更是因為全身鬆沉與鬆開後的自然結果，而不是刻意或局部形成的。

2. 骨盆啟動指肘領路：人體的動作，大多數由骨盆開始，而太極拳的動作也可盡量由跨的坐與落，經由地心引力來完成。至於動作的軌道路徑，在前方帶頭的多半是手指（掌是指尖，拳是指關節）或是手肘。

3. 盡量伸展身體四肢的陰面與鬆開的方式來運作：一般身體與四肢內側較曬不到太陽之處為陰面，身體的筋（所謂的勁出於筋）較多在這些位置（一般所謂的筋，大致包括了韌帶、肌腱、靜脈管、與肌筋膜等等）比較多；另一方面，也有助於平常我們因多半使用屈肌，而伸肌相對較弱的偏頗。此外，內側與脊椎較接近，全身能量更易集中。

4. 各勢在轉換時，要盡量的走圓弧路徑，可以參考莫比烏斯帶的結構（如圖）。

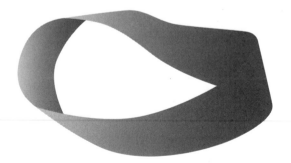

　　話說電影《復仇者聯盟4》，鋼鐵人會穿越時空，就借用了莫比烏斯帶的觀念。

5. 動步與移動重心時，多體會足底三個主要足弓－前掌橫弓，
   內側縱弓與外側縱弓，所分別主要擔任推進、避震、與平衡
   的知覺。

6. 以拳握彈力帶時，手心意念內收，食指與中指第二個（三個
   指關節中間那個）指關節意念盡量向外延伸。以掌型握彈力
   帶時，五個手指意念盡量向前向外延伸。

7. 每次練拳至少兩趟。第一趟運用彈力帶練拳時，身體鬆開鬆
   沉，但盡量感覺彈力帶的阻力大小；第二趟則可不用彈力帶
   打拳，身體放鬆但意念上保有先前持著彈力帶時練習打拳的
   感覺，而且要去感覺每個動作主要是因為地心引力、反地心
   引力、慣性、槓桿、和不同肌肉伸縮以及刻意不平衡與維持
   平衡所產生的結果。

8. 等到熟練動作，每一動作皆可揣摩其在「掤捋擠按採挒肘靠」
   的八法應用，每一勢都有化撥拿探打的意念，可邊練拳邊想
   像在與人對待（所謂無人似有人），一方面也要覺知身體重
   心變化與穩定，而且守（化撥拿）攻（拿探打）要合一且幾
   乎同時到位。

02 彈力帶太極十八式（勢）（守攻合一陰陽相濟）

　　整套太極拳在手法上包括有：向下、向上、向左右、與向後的化撥；身步法上則包括定步、向前、向後、橫向與四隅斜角等等步隨身換。「式」是指靜態的位置，「勢」強調動態的功能。

　　一般而言手開為化打，手合為擒拿，加上動步更有踢摔。至於彈力帶的持有以複合阻力的方式，兩手可如前面第二章節所介紹的，在雙手掌上打結固定，然後繞過後腰背，並調整適當長度與阻力。

◆ 彈力帶太極十八式介紹

第一式：提手上勢

動作

假設面向北方，雙足自然姿勢輕鬆站立。右腳向前伸出，重心仍大部分在後腳，側身雙手胸前互夾，左手心對右肘。

第二式：下撥上鑽（白蛇吐信）

功效

右手向下化撥拿，
左手向上打。

動作

重心稍前移右腳，
右手下移到腹部，
左手上提伸到頸
高。

第三式：左摟膝拗步

功效

左手化撥拿人踢或打
我腹，右手前打。

動作

身向左轉移面向西方，出左步，左
手摟左膝，右手前上伸出胸前。

第四式：右摟膝拗步

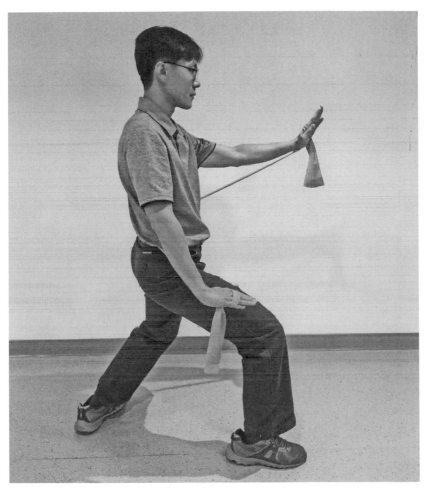

功效

和第三式的功能類似；右手化撥拿人踢或打我腹，左手前打。

動作

重心向前右腳進步，右手摟右膝，左手前上伸出胸前。

第五式：右倒攆猴

功效

左手化撥拿人攻擊，
右手打。

動作

重心後移，左足或右足向後踏出半
步，左手置於左腹前，右手前伸。

第六式：左倒攆猴

功效

和第五式類似；右手化撥拿人攻擊，左手打。

動作

重心後移，右足向後踏出一步，右手置於左腹前，左手前伸。

第七式：右雲手交叉步

功效

右手外側化撥拿人攻擊，左手打；或右手內側牽採人攻擊，左手打。

動作

右腳隨重心由左腳後交叉到左腳左側，雙手抱球，右上左下。

第八式：左雲手平行步

功效

與第八式類似；左手外側化撥拿人攻擊，右手打；或左手內側牽採人攻擊，右手打。

動作

左腳隨重心由右腳前移到左腳左邊平行，雙手抱球，左上右下。

第九式：左雲手交叉步

功效

與第七式類似；左手外側化撥拿人攻擊，右手打；或左手內側牽採人攻擊，右手打。

動作

左腳隨重心由右腳後交叉到右腳右側，雙手抱球，左上右下。

第十式：右雲手平行步

功效

與第七式類似；右手外側化撥拿人攻擊，左手打；或右手內側牽採人攻擊，左手打。

動作

右腳隨重心由左腳前移到右腳右邊，雙手抱球，右上左下。

第十一式：東北玉女穿梭

功效

左手向側上化撥拿人攻
擊，右手前打。

動作

左腳隨重心向東北方伸出，左手向
左上角伸出，右手向前伸出。

第十二式：西北玉女穿梭

功效

與十一式類似；右手向側上化撥拿人攻擊，左手前打。

動作

右腳隨重心向後向西北方伸出，左腳順勢調順，右手右上角伸出，左手向前伸出。

第十三式：西南玉女穿梭

功效

與十一式類似；左手向側上化撥拿人攻擊，右手前打。

動作

左腳隨重心向西南伸出，左手左上角伸出，右手向前伸出。

第十四式：東南玉女穿梭

功效

與十二式類似；右手向側上化撥拿人攻擊，左手前打。

動作

右腳隨重心向後向東南伸出，左腳順勢調順，右手右上角伸出，左手向前伸。

第十五式：左分腳

功效

手可維持平衡，或下採壓人
手身，前腳尖踢人膝。

動作

左腳向北方前踢，前手前伸，
後手後伸。

第十六式：十字踹腿

功效

雙手撈人腿，或向前上化撥拿人攻來之手，再順勢來反擊或踹腿，或是因應人擒拿我手而變化。

動作

左腳隨重心落地，右腳隨重心與左腳平行向前（北方），雙手雙腕交叉，右腳跟前踹。

第十七式：浪採花

功效

迅速反應與抖震勁，或如打冷
顫哆嗦，也類似落水狗抖落身
上的水。

動作

雙手向前，兩胯快速上下左
右高低螺旋轉動若干回。

第十八式：採手收勢

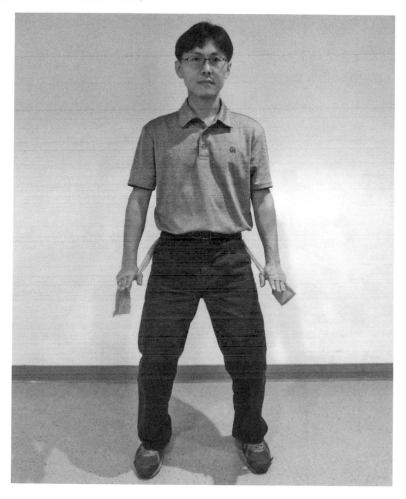

功效

順勢切化拿牽採人。

動作

雙手放下。

03 乘著想像的翅膀──
十八勢的各種變化

　　太極拳的特色即是「全身是手手非手」，所以，若彈力帶太極十八式的每一式只侷限在一種用法上，實在太可惜了。接下來，就要舉例介紹其招式的其他應用。

　　老師父曾提到，**每一招至少能有五種變化。**雖然太極拳有其順序，但只是為了教學方便或由淺入深，一旦等到動作熟練後，基本上每一式都有可能圓順的轉到其他十七式；每一式的功能，更能舉一反三。

　　以第一式「提手上勢」為例，除了前面介紹的單純兩手臂陰面相合以外，還可以有其他招式變化：

招式1. 雙手前伸，以右手陽面與手背撥擠人直來的攻擊；

招式2. 左手向右拍撥人攻擊，右手擊人；

招式3. 雙手夾住人手臂後，搓著人的手臂皮膚往前上提發之；

招式4. 右手心貼人上胸，左手貼人下背，順勢讓人向後傾倒；

招式5. 雙手貼人腕肘，順勢下採；

招式6. 右手假動作佯攻，左手實打；

招式7. 人雙手按來，我左手「掤」保護胸前，右肘将人肘，手掌順勢等著撲人面……

除了以上等等變化，只要能發揮創新想像力，在不同情境距離下得機得勢，都能發揮更多最適優化的作用。

剛開始練習動作要慢一些，因為太極拳是知覺運動，人動得快主要是運動神經作用，感覺神經就難以配合，所以，**在進行整套拳式動作練習時，可從中體會「空氣中游泳、邁步如貓行」的感覺。**

空氣中游泳，是訓練身體對外在輕微變化的感覺，空氣是有浮力的，所以一張紙會飄啊飄啊慢慢落下，若是我們能夠連輕微的空氣浮力都能有所感知，對於外在重力的襲擊，更能有靈敏的覺察。我們的手臂，也要隨時維持好似浮在水中的感覺。

邁步如貓行，是比喻每個動作的每一步都能輕靈穩重，面對外在襲擊，才能立於不敗之地。每一步都能隨時不費力的反轉、停止與變化。

上述十八式的定式功能，多半是注重在「打」，如果能保持本身重心穩定移動，再善用支點與地心引力，配合捨己從人，「摔」也是每個拳式變化時的功能。如何能夠以小摔大，上網搜尋「吳式太極拳」與「摔」，或是「三船久藏」，都可以找到許多珍貴的紀錄影片來參考。

其次，十八式各定式的手以開為主，多半是一手化撥拿，一手拿探打。然而從一式過渡到另一式的手，則以合為多，這

時就有擒拿或採捌在其中。「捌」是應用雙手相反方向的力偶（例如，第一式），一般以捌人的腕肘為主。

太極拳的拿或採不是用力抓，主要是輕輕卡住人手關節凸處，或是切入人關節凹處，而且以應用摩擦力揉搓為主，結合槓桿原理，順著別人的動能慣性而為之。反擒拿時，則是冷靜感知到對方接觸時的空隙，善用重力與支點螺旋或增加支點來協助應變。不過**太極拳講求「蚊蠅不能落」，讓人手接觸黏貼在身上一點都不行了，被接觸兩點、被擒拿，就有些遜了。**

此外，每個拳式擊出遇到阻攔，均可因敵而順勢變化（勁斷意不斷），例如，當擊出時，人以手格擋，我們可從接觸點滑溜鑽進空隙再次擊出（柳葉手）之外，也可以接觸點做支點，「肘」就順勢打上（摺疊手）；或是加上另手「擠」開等等。這些都是在練習拳式時，自己可以想像的變化。

在動作的守與攻之間，要能兼顧效果（effect）、效率（efficiency）與效能（effectiveness）。例如，對方一擊攻來，我能適時順勢化撥開，這樣就有達到不被打到身上的目的，有其效果。如果我們用以化撥人攻擊那手，又能瞬間反擊回去，能在最短時間完成工作，當然極有效率，不過一般人恐怕不易做到；我們若有機勢用一手拿探對手的一手，牽帶著來化撥對方攻來的另一手，而用我們的另一手來還擊，這樣就有

可能有其效能，能以最安全又最大程度，達到我們守與攻的目
的了。

　　最後還是要強調，動作招式手法只是防身抗暴的入門而
已，練會了之後，在真不得已時或許稍能應急，但要去打架搏
擊還需膽識、功力、耐力、抗打、反應等等條件配合，僅是單
純熟練動作手法還差得很遠。因此，若是遇到可以避免的衝突
事件時，千萬要牢記，還是「走為上策」啊！

04 如何辨認太極拳與太極操— 檢查與驗證

　　許多人習練完太極拳的各個招式，就認為已經可以畢業了，其實這樣僅是可勉強稱為「太極操」而已。

◆ 如何分辨太極操與太極拳的不同呢？可以從兩方面著手：

一、由外型來檢查（Verification）：

　　由視覺來檢視，主要看行拳時是否虛靈頂勁，周身輕靈鬆沉、氣勢順暢，沒有缺陷、凸凹與斷續。

- 缺陷，是指整合運動過程中有一部分沒有一起加入整合。
- 凹凸，則是指整合運動過程中有一部分突出頂抗，或是不及丟扁而影響勢能的傳達。
- 斷續，則是指整合運動不連貫，後勢不繼導致勁力無法充分發揮。

二、經由所謂的驗證（Validation）來辨識：

- 在沒有外力影響下，一個好的動作，要能夠在動作的每一瞬間或階段，都能夠不需改變姿態，也不用費力，就能隨時停止、隨時反轉，或隨時改變方向，與不中斷呼吸的節奏。這些都是自己可以試著去驗證的。

• 若由旁人外力接觸來協助驗證，初步可以在無預警的情況下，讓旁人用手在中間擋住行拳者的手，如果手能夠不用力抵抗而自然鬆落，則能過關。

• 進一步的驗證是，在每一式變換到另一式的開始或中間，旁人從中擋住肢體的一部分，行拳者仍然能讓肢體輕鬆順暢的到達下一式要到達的空間。

　　但如何能夠做到？需要有時間的拿捏、接觸感的適當維持與製造觸覺錯覺，接觸點切線螺旋角度與轉換支點的控制，和意氣的因人變化，與身體的鬆沉配合等等要領。

　　要讓每一式都能達到上述的目標，自然不是一蹴可及的，但卻是習練太極登堂入室的一種有趣與重要的歷程。

　　當然，能更進一步驗證拳架是否正確的方式，就是相互推（揉）手練習到進一步的自由對練，包括踢、摔、地板技等等。自由對練時雙方要注意攻防，保護自己，保護對手，所以要一心三用，傳統有所謂的「留力不留手」。等到中強度練習時，戴上拳擊手套、護齒，則可加強力道。不過要找到適當的同伴頗不容易，雙方要有互相幫助求進步與餵勁的胸懷與能力，彼此能控速控力給予對方建議回饋，包括對方的輕、重、緩、猛、巧、拙等等，而不是以爭勝為目的，常常是可遇不可求。

05 Tips—
彈力帶應用於防身的簡單介紹

雖然彈力帶太極練習基本是為了加強太極拳功力的效果，但繩索鞭帶本身可以視為是一種軟兵器，這裡簡單介紹一些可能的應用。

- 當對方拿刀棍擊來時，彈力帶可以幫助架撥（例如，玉女穿梭（圖1＋圖2）），然後可以纏繞，化解初步的直接威脅，當然接下來能逃離現場可能是最好的選擇。

（圖1）

（圖2）

• 此外，也可借重彈力帶的彈力，向對方手腕，臉部甩彈，也能有某種威嚇的效果。（圖1～圖4）

（圖1）

（圖2）

（圖3）

（圖4）

第五章

太極拳的祕密武器

彈力帶太極
Resistance Band Tai-Ch

01 太極拳知名的世紀大戰

◆ 吳陳比武：

　　1954年1月17日，當年的北方吳氏太極拳代表－53歲的吳公儀，因曾說了一句：「我自北走到南，未逢敵手。」35歲的澳門白鶴派掌門陳克夫聞後也回應：「我由南至北也未逢敵手。」於是展開了一場歷史上知名的太極拳世紀大戰。

　　在一些澳門慈善家大力促成下，兩人在澳門新花園泳池擂臺上比武決鬥。原定打6個回合不能起腳，每個回合5分鐘，結果，這場比武開戰僅2分多鐘，吳公儀先嘴角掛紅，繼而陳克夫鼻子中拳，血流不止，只好暫停。待再次開戰不久，吳公儀擊陳克夫前臂，致陳克夫負疼而起高腿，吳公儀即還以顏色。裁判恐二人動了火氣，旋即叫停。經商議，判定雙方：「不勝不敗不和」，兩人握手言和退場。

　　這場比武籌得當時堪稱巨資的27萬澳門元善款，也催生了一代武俠小說大師梁羽生、金庸的誕生。但也讓許多人對太極拳的夢幻破滅，因為看起來很像路人莽漢打架，沒有電影或表演時的漂亮招式。不過因為兩人的年齡身材有相當差距，讓人感覺到太極拳至少還有一定的威力。

◆ 太極與摔跤

1970年，黃性賢與號稱東南亞摔跤冠軍廖廣成進行擂臺比賽，於5個回合裡以26比0的成績大獲全勝，後來他在馬來西亞和全球各地積極推廣太極拳，影響深遠。

其實，在更早期，臺北市三軍球場舉行的臺灣第一次舉辦的國術比賽「中國國術比賽」中，他曾獲得揉手組重量級第一名；中量級與輕量級也都是他的學生。不過在最後綜合比賽由拳術、揉手、和摔角組各組冠軍再來較量時，則是由查拳張英健獲得總冠軍。後來黃姓賢對拳擊也下了一番功夫，和他的太極拳師兄號稱閃電手的郭琴舫苦練，將拳擊結合太極的技巧。

◆ 太極與格鬥

　　2017年4月27日，37歲自稱「中國MMA第一人」、「武林打假第一人」的中國格鬥狂人徐曉冬，他經常批評傳統武術不堪一擊，沒有實戰能力，武術大師大都是沽名釣譽。他和曾在中國中央電視台的「體驗真功夫」節目中展現武術太極拳師雷雷決鬥，結果徐曉冬不到20秒就將雷雷擊倒在地，該影片在當晚播放率破百萬次。徐曉冬迅猛攻擊、雷雷招架不住地躺在地上被狂打的視頻在網路熱傳，也引起了輿論對中國傳統武術的熱議。從此事件之後，大家對太極拳的實戰應用能力，產生了高度的質疑。

02 推手與實際打架的區別—
推手、揉手與散手

習練太極除了拳架以外,再來就是器械,應用對待上最多的就是推手運動與比賽(也有少數人練習散手套路對練)。推手練習與比賽的推廣,雖然突顯了太極拳與其他運動的差異,但還是要分清楚推手與實際打架的差別,才不至於過分自我感覺良好,或是讓習練搏擊散打的人看輕了太極拳。

首先,為了表演發勁,那當然可以是一種目的,但通常要學生配合才能優雅順暢。至於平日的推手練習,只是太極應用對打的一個初步方法與過程而已,並非全部過程與最終目的,其主要目的還是在檢驗自身拳架是否正確鬆柔,以及練習走化與保護自己與防身應對。還包括同學之間互相餵勁,互相提供成長的情境與機會。所以過去管推手叫「揉手」,能把對方當作麵團而自己練成麻糬。

◆ 常見的推手模式:

一般常見的推手有兩種模式:一種或稱「打輪」,包括掤捋按(隱藏擠);另一種是「掤捋化按擠」,動作介紹如下:

1. 雙方側面搭手(掤手)保護自己,不可直接攻擊,要先觀察知覺對方動向。

2. 甲雙按乙一手肘腕關節，乙逐漸另手成捋手，捋手可以肘或小臂捋之，手掌保留撲甲面之意，以防乙脫手打之。

3. 甲之按手逐漸被斜捋，為了維持自己不要失勢，開始兩手交疊來擠乙。

4. 乙被甲擠，這時原來捋手，向下貼甲之手腕關節，含胸化之，不可抓採，否則甲將打之。

5. 乙化了甲的擠手，就順勢成按手，雙按甲腕肘。

6. 1～5動作繼續循環。

　　推手練好了能增加不少防身應對的能力；但若認為基本推手練好了就成為功夫高手、能夠實戰打擂台，那就錯了。

◆ 很容易自我感覺良好，其原因包括有：

1. 把推手的目的當作推人，不知走化練習保護自己，與忽略因應各種類型對手的重要性。

2. 推手最重要目的是檢驗自己的動作和練拳時是否有放鬆，以及練習變化與反應的流暢性，許多人把用「推不動」來檢視功力的高低與當作主要的標準，但實際戰中，功力的重要性大概僅占三成，流動順暢與適當反應的重要性約占了七成。

3. 缺少距離感的觀念，對手很可能突然攻來，不會先近距離搭上手才打來。

4. 沒用到其他感覺，只用觸覺，視覺、聽覺都忽略了。

5. 推手時多半都不防守頭部或下肢，打架時別人卻可能專打這些地方；或是推人時也不管自己的頭身是否安全就一意推了過去。

6. 缺乏實戰情境的練習。

7. 競爭比賽需要相當強的心肺功能、肌力與肌耐力，目前習練太極拳對這方面一般較不要求。

8. 不知因敵變化。

　　當然，要練好太極散打又是另一層的故事了。推手是練好太極散打（化拿打）的基礎，而早期過去有許多太極名家經年苦練（例如，低架站樁），被認為學習不力，動輒被師父修理；或是年輕時，被長輩強迫吃苦、練習挨打到想要自殺或出家的故事……都不是一般玩票練練推手者所能感受到。其他包括實際對打時的抗打、經驗和更重要的膽量（所謂一膽二力三功夫），包括被打傷打痛了還能繼續從容應戰等等。而許多散打搏擊選手每天十幾個小時練習，當然不是僅靠偶一為之的推手練習就足以應付的。

03 太極氣功

　　武術氣功大致有兩個目的：一個是增加自己的攻擊威力；一個是抗打，兩者基本都是靠氣體在身體壓力所形成。其他武術搏擊都有抗打練習，多半是靠外物與己身碰撞，但難免傷身。

太極氣功主要是有所謂的太極八段錦（可參考陳炎林書中的專章介紹），**基本要領是呼吸帶動身體，身體帶動手，採逆勢呼吸方式**；吸氣時盡量腹部內縮，整個背部隆起如鍋，然後呼氣時腹部放鬆氣沉丹田。因為體內壓力的改變，有助於增加動作時產生的力量，也逐漸開發出所謂的「內呼吸」。另一種所謂五行功法，可訓練不同部位的抗打，方式是：吸氣使該部位肌肉膨脹，然後練習呼氣時保持該部分的膨脹不陷下去。

　　不過，除了習練太極氣功以外，一般正常的呼吸對心肺功能的維持提升也很重要！肺部是身體最大的器官，而吸氣的壓力向上能到鎖骨上方，向下到近髖骨處，肋骨更應向外擴張，背部也應受到吸氣的壓力，所以自己應該實驗自然呼吸時，是否能做好3D的立體呼吸，維持提升心肺能力。此外，吸氣時搭配胸腔加寬空間，脊椎無意識聚回，呼氣時脊椎延伸幫助完成吐氣，是自然的現象，我們也可運用知覺適當地來體會覺察。

04 習練太極拳最重要的祕密武器與最易含混的誤區—鬆（閩南語：冗冗）

太極拳的老師多半都逐漸承認「鬆」的重要性，也會提醒學生習練時要注意鬆，但是每個人對鬆的解讀未必相同。較深入的功能性說法是要「有反應」；較基本的說法就是「不要用力」。但若是完全不要用力，人不就倒下來了嗎？於是有些老師就會強調是：**不用拙力**。什麼是「拙力」呢？有人說，是維持結構不會倒下的力量；或是說不要鬆懈。但「結構」又是什麼？「鬆懈」又是什麼呢？這些用文字實在是很難解釋的。而包括像亞里山大技巧（Alexander Technique）與費登奎斯方法（Feldenkrais Method）等身心學派應用，也用了「不要做什麼（doing nothing）、釋放自由（free）和放開（let go）」來提示與詮釋類似「鬆」的概念。

其實「鬆」的意義，在康熙字典的解釋是「髮亂貌」，是形聲字，指人奔跑時頭上飛揚的長毛。所以鬆，不僅是順應地心力下沉而已（還要配合虛靈頂勁才能上下鬆開，也能自然就立身中正），也要包括前後左右的鬆開或蓬鬆。

◆ 為什麼要「鬆」呢？其主要有兩個目的：

1. 分工合作的需要：

讓身體各部分能分工，然後才能談合作；也就是若沒能先讓身體各部位鬆開，就難做到陰陽分清，也不用奢談以後的陰陽相濟了。人不能維持某種放鬆的中正姿勢，應用身體動作時，就可能僵硬緊成一團、缺乏彈性，力量就可能互相抵消（例如，產生剪力），或是動作時不容易形成好的支點，或是與人對待時，身上很容易被別人建立了支點。

2. 聽勁的需要：

太極拳聽勁可包括聽自己的勁與聽他人的勁；所謂「聽」，一般以觸覺為主。廣義觸覺還可包括：本體覺（Proprioception），係指個體對自我的身體形狀動作位置的感覺；和前庭覺（Vestibular），係接受臉部與身體關節肌肉訊息維持平衡與判斷加速的感覺。

可是如何能提升這些感覺呢？心理學知名的「最小可覺差理論」（Law of Just Noticeable Theory）告訴我們：「刺激強度如果按幾何級數增加，而引起的感覺強度卻只按算術級數增加。」換言之，刺激強度越小時，我們越能感受到小小變化的差異（這和經濟學的邊際效用遞減，有異曲同工之妙）。所

以，我們若能盡量減少肌肉的用力，對本身動作的感覺敏感度能夠改善。

聽別人的勁也是一樣，我們要用手試探某流體或物質溫度時，也是會輕輕地去觸碰。也因此《太極拳經》第一句就說：「一舉動周身俱要輕靈」，其他像空氣中游泳、邁步如貓行、一羽不能加、蠅蟲不能落等等敘述，也是類似的目的，因為先要有敏感的感覺，才可能有正確迅速的反應與流動，太極拳應用對待時最大的特色：「因敵變化示神奇」，才更有可能實現。

話說回來，聽說孫祿堂過世前，傳給孫劍雲什麼是**練拳的最重要祕密：就是「練」**；正確的練，努力的練，而練這個字也有老師認為應該是「煉」才對。所以縱使太極理論多麼高深、技術多麼精妙，若沒有如那些職業格鬥或搏極選手般日夜苦練，要想有什麼絕世武功，也真是自我感覺良好而已。

05 習練太極放鬆的好撇步

放鬆既然那麼重要，而習練太極拳可以一輩子都在追求放鬆的精進境界，雖然說來容易，但做來有時甚難。

接下來，介紹一些不同的放鬆技巧，畢竟每個人或不同階段都可能適用不同的方式。

（鬆：康熙字典「髮亂貌」之意。）

◆ 放鬆技巧介紹

1. 靜

放鬆不僅僅是身體的問題，更難的還是心理層面或是腦子與神經的問題，太急切緊張地想要快速放鬆，反而常常會有反效果。所謂的鬆，是要輕鬆的專心於放鬆，而不是很專注的用另一種緊張來取代某種緊張來放鬆。

2. 配合呼吸來放鬆

通常呼氣時較易體會放鬆的感覺，所以可以練習深呼吸。在呼氣時，特別去注意身體空氣從肺部排出時對身體各部位產生的壓力與膨脹的感覺，等到呼氣時能有些體會，可以開始體會在吸氣時，也要全身放鬆（包括橫膈膜）的讓空氣自然吸入體內。然後，也可以練習吸氣之後，稍屏住呼吸，但要注意這時身體鬆開鬆沉，讓內呼吸或體呼吸可以開始運作。然後再繼續呼氣。

3. 借重慣性來放鬆

就像公車上站著的乘客，一個緊急剎車，乘客可能有會往其傾倒，所以我們若左右轉腰脊稍快一些，肩關節能放鬆，當腰停止轉動了，手臂仍會隨著慣性繼續擺動。

4. 借重地心引力來放鬆

上述的轉腰脊雖停止下來時，手臂跟著慣性擺動到一個程度，地心引力將讓手臂自然垂落下來，這時可以去體會其自然鬆落的感覺。另外，也可以讓人捧提著我們的肘或手臂，請他把捧提的手突然放掉，如果我們肩膀完全不用力，手臂應該幾乎沒有時間差的馬上掉落下來，但多半的人因為稍有緊張，可能總要慢個半拍才能鬆落。

5. 漸進放鬆法（Progressive Relaxation）

就是先刻意緊張再放鬆，因為鬆與緊其實是相對的概念，例如，故意用力握緊拳頭，然後放鬆，先體會從很緊到稍緊的感覺，逐漸就能掌握到從稍緊到較鬆再到更鬆的體會與感覺了。其他關節或肌肉也可以這樣來練習。

6. 啟動高爾肌腱器（Golgi Tendon Organs）的運用

例如，在壓腿時，伸直伸長的那隻腿，一方面我們全身用力將整隻腿收縮與腳掌用力向下踏，同時我們也手用力摳住腳趾掌往相反的方向扳回，持續15到20秒（保持呼吸），然後把腿放鬆，手繼續用力，這時將發現腿的柔軟度將有所改善。

7. 對關節直接做彎曲與旋轉的動作

包括像是膝關節，因為其實是髖關節轉動，和緩的轉動尚不至於有所傷害。

8. 對關節間接的搖動

例如，腕關節完全放鬆，由肘的擺動來帶動肘關節的移動。

9. 對伸肌的知覺

例如，彎曲手臂時，雖然主要是由手臂內側二頭肌收縮來完成，我們也可多體會作為拮抗肌放鬆的感覺。

10. 肉骨（皮肉）分離

主要加大了我們身體內部的空間，太極拳習練放鬆到一個程度，能感覺到所謂肉骨分離，是指外表（包括胸背四肢）的肌肉，與較內層的肌肉和關節有分離的感覺，這主要靠長期意念上的鬆（透開）沉（地心引力）來達成。能練到這樣程度，別人抓握或按住我們肌肉外側，卻難以影響與控制我們，因為我們仍能靠關節與內層肌肉充分的活動來做適當的因應。

第六章

生活化太極拳的綜效（Synergy）

01 常見對於身體知覺上容易混淆的誤區

　　太極拳與其他運動或武術很大的不同點是，可以在日常生活上來獲得進步。一般運動或武術是練習時就練習，沒有在練習就不算在練習。但是太極拳因為講求鬆，還被稱為「改錯拳」，也就是如果在日常生活上沒有改變舊的壞習慣，養成合理的動作模式，進步將有限難以突破。

　　把太極拳的要領，應用在生活上有兩方面的益處：一個是透過放鬆與有效的動作，可以提升生活品質；另一方面，對於不是職業太極選手而言，每天練習太極拳的時間難免有限，或是練習完畢後的其他時間，又帶入壞的習慣，對於習練太極拳的效果就會打折。因此，若能把太極拳的動作要領帶入生活上，對於太極拳藝的提升極有幫助。

◆ 如何知覺自身常易被混淆的誤區

　　太極拳講求知覺運動或是聽勁，包括聽自己與聽外界（或他人），但需要先求知己，也要對於自己身體的本體覺要能夠更加地清楚。要能充分知覺自己的身體當然並不容易，以下介紹一些常易被混淆的誤區，若能有所掌握，對身體合理運作和太極拳藝會有顯著幫助。

1. 頭

頭部的範圍有多大？一般常將整個臉部到下巴的球體範圍都包括在頭的範圍，不過認真來説，頸部肌肉比想像要高一些。頭骨包括顱骨與下頷骨，一般説的頭顱是指前者。而頭與第一節頸椎（脊椎的開頭）的銜接處，稱為寰枕關節，位置大約在耳垂高度。我們點頭或仰頭的動作，最主要是以這裡控制為主；轉頭的動作才是由頸椎來形成。

2. 舌

舌頭的長度比我們想像的要更長，舌根起源於喉嚨，所以如果舌根不能放鬆，頸部也就很難放鬆了。

3. 肺

我們容易把頭的範圍想得太大，又常把肺的範圍想得太小，肺是人體最大的器官，頂端超過鎖骨，最寬處約在乳頭的高度，吸氣時空氣雖並不會真的吸到腹腔和骨盆腔，但放鬆吸氣時若能飽滿，所產生壓力的感覺向上到近鎖骨上端，向下可影響到近髖骨位置，橫向到各肋骨，向後可影響到背，都應能夠感覺有所膨脹。

4. 肩膀

一般會把手臂的根處誤以為是肩，但我們可以去想像雞翅膀的樣子。肩膀包括了鎖骨與肩胛骨，都與手臂連結，而真正連結手臂與脊椎的地方是鎖骨。

5. 喉嚨

喉頭從舌根（比一般想像的更下方）下的會厭軟骨開始，分歧成氣管與食道兩條通道，氣管在前面連到肺，食道在後面連到胃。

6. 小臂如何旋轉

不少人會認為旋轉的軸在小臂中間或是拇指那側的橈骨，其實小指那端的尺骨才是軸，也就是說應該是橈骨繞著尺骨來旋轉的。和小臂旋轉軸有關係的是手放鬆時的橫向角度，常常有人會以為橈骨和拇指成一直線比較輕鬆，例如，坐著時把手放在腿上就常會這樣，其實那是對緊張習慣的感覺，真正放鬆時應該讓小指與尺骨成一直線。

7. 肘

肘關節並不是尺骨末端凸出來的部分，而是連結了小臂的尺骨與橈骨，與上臂肱骨等三個骨頭的關節。

8. 手腕

我們知道有「手腕」這名詞，但常常沒感覺有手腕的存在，或以為尺骨與橈骨末端兩個隆起處就是手腕。腕骨的確是存在的，介於掌骨，尺骨與橈骨之間，共有八小塊。

9. 握力

我們容易以為握力差是掌指或手腕無力，其實最主要是小（前）臂肌肉的問題，五指向手心握的動作小臂的屈肌控制，而展開五指的伸展動作由小臂的伸肌所控制。

10. 脊椎

一般以為脊椎在背後，因為摸得到凸凹的部分，但那些是所謂的棘突，具有固定肌肉的功能讓較重的前身不會向前倒，而實際的脊柱位置會在身體更內側。

11. 肋骨

　　人有十二對肋骨，但通常會誤以為大約只有一半。其實肋骨上到頸項底部，環繞胸腔與部分腹部，會誤會的主要原因是只感覺到比較下面腹部的肋骨。我們呼吸時應要能充分感覺各肋骨的動作。

12. 呼吸對脊椎長度的影響

　　正常吸氣時，肋骨向兩邊擴張與上升，脊椎稍短；而呼氣時脊椎稍長些，許多人常常在吸氣時用力緊張，就會覺得脊椎延伸與縮短的時機剛好相反，這並非呼吸本身所形成的。此外，雖然不用刻意去控制，但是若我們不能感受到吸氣時負擔約四分之三肌肉動作的橫膈膜（另外四分之一是肋間肌）下降對骨盆形成的壓力，表示身體其實是緊繃的。

13. 區分人體上下兩部分的分界點

　　許多人把腰當作人體的中間或是上下方的鉸鏈是很不合適的，許多脊椎的毛病都來自這緣故。真正人體的上下分界點應該是髖關節（軀幹與大腿的連結處），我們要能夠把骨盆當作軀幹的一部分。而腰的部位與髖關節的部位距離還挺大的。

14. 坐骨

許多人會覺得坐骨在臀部較上方部分，甚至把薦椎當作是坐骨來接觸椅子支撐身體，這樣容易傷到腰椎。其實坐骨在臀部下方髖骨之間，用手可以摸到兩個硬硬的骨頭。

15. 正常的骨盆弧度

許多人以為骨盆要很正才是正確的，但其實不然，**骨盆有時稍稍前傾**才是對的。在站立時，從側面來看，我們若把腰部（約肚臍高度）的中線通過臀部最寬的那個點（髖關節的大轉子），就能夠體會到。

16. 膝

一般人容易把突出來的髕骨（又稱膝蓋骨）當作膝關節，其實髕骨是膝關節的蓋子，真正的膝關節在髕骨的下方，橫斷面接近於小腿最上頭圈起來的大小。

17. 踝關節

我們容易以為踝關節就是小腿骨底部兩側突起的骨頭，但實際上踝關節是在兩個突起骨頭之間才對。

18. 身體重量如何傳到腳底

　　許多人會以為站立時身體重量先傳到腳踝，再到腳跟，然後到腳的前方，然而，實際上卻是：重量先到腳的中央，再向後傳到腳跟，這樣足弓才能充分發揮作用，腳趾也能自由活動，腳更能感覺到彈性。不過，走路時還是要前腳跟先著地的。

02 太極 vs 行為舉止

◆ 坐、站、走、蹲、臥的調整

1. 坐

首先坐要坐在坐骨上，練太極拳要注意坐胯，也是一樣的意思。當然虛靈頂勁，全身鬆開也是一樣要注意的，有時即使背靠著椅背，要讓腰能貼著椅背（或許加個墊子之類），胸部打開，也不要讓薦椎來支撐上半身，腳最好能著地也分攤身體的重量。太極拳有要求涵胸，但主要是鬆開胸部，不要造成駝背圓肩。此外，端正著坐左右對稱說來容易，而照過大頭照的都會知道，攝影師一定會發現我們總是有些歪斜的地方。

2. 站

站的時候不用像有的模特兒要求後腦，後背，後臀與腳跟成一直線，但因為每個人體型厚薄都不相同，這樣的要求並不健康。主要是讓骨盆能夠適當的支撐好胸肋骨，至於骨盆後傾或是過於前傾都不適當。基本上還是虛靈頂勁，全身鬆開（包括立體的3D方向）。膝蓋對腳尖，全身重量較能平均分布在腳底（包括腳趾），如果足弓凹陷可適當的五趾抓地（只是意念不要用力），大趾在平衡上有重要角色。雙腿打開大些固然有助平衡，但與人體結構會有所偏差或是容易削弱內足弓。我們

寧可把站立當作一種持續穩定的動作，感受身體內在的流動，而不只是一個不動的姿勢而已。

至於由坐到站，一般是頭有向上向前的意念，髖骨放鬆上身前傾，重心移到腳底，透過自然的反作用力，身體就輕鬆站立不必費力，要注意上身包括背部仍是鬆開的。偶爾也可以試試不用前傾靠臀部大腿力量直直起身，感覺體會不同的施力方式。至於由站到坐，也是可以試著虛靈頂勁讓頭的意念向上向前，然後為了平衡，身體不想向前傾倒，於是放鬆髖關節，臀部向後就自然隨著地心引力坐下來。易犯的錯誤是快碰到椅子上時，跳過大腿底部接觸椅面就直接臀部掉下去了。

3. 走

站立時，如果同樣的虛靈頂勁讓頭的意念向上向前，如果不是靠臀部後落維持平衡，另一種平衡方式是一腳向前踏出，再配合些慣性，就開始走了，動步時也盡量由骨盆與襠部來帶動腿的動作。此外，也不要忽略前腳踏出時腳跟要先著地，像滾輪一樣的滾到腳趾，然後後腳要抬起來時，後腳五根腳趾（包括小趾），也要能充分地都能夠撐著地面。

4. 蹲

　　同樣的，由站到蹲，也要由髖關節發動而不是由膝關節發動，因為神經有記憶，會讓先啟動的肌肉吃力較多；此外，膝要在腳掌上方。至於蹲低時要「收尾閭」還是「長強穴外翻」，各有其理論。無獨有偶的，在運動學的研究，對於進行深蹲時，是否應該持續向前翻轉骨盆還是容許有屁股眨眼（Butt Wink），也有不同說法，後者時，臀大肌較易出力，但是腰椎的過於或突然彎曲容易受傷，所以是一種權衡；而從安全的角度來說，還是要盡量放鬆，不要刻意做些身體無法承受的動作。

5. 臥

　　躺臥時一般都覺得是最放鬆的時候，但其實全身還有很多可以更加放鬆與鬆開的空間。如果不是那麼快需要睡著，可以練習先採用半仰臥式（Semi-Supine）平躺著向上，頭稍墊高些，兩膝彎曲（意念向上），腳底貼著床（體會腳底摩擦力），這樣的姿勢使用最少的力量，但仍能放鬆最重要的脊椎相關部位，讓頸部背部向各方面放鬆延伸，而可能將這樣的身體感覺記憶保持延續到起床後的活動，不過，這種練習並不是為了要睡覺而進行的。若是準備就寢了，太極張三丰的祖師陳摶老祖號「希夷先生」（「夷」指視而不見，「希」指聽而不聞），最早傳了「睡功」，重點一開始在「心息相依」與「根蒂相連」。

　　「心息相依」的位置是指鼻孔出口，人中前面的虛空小球處，注意力就聚焦在這範圍內。意內守「身外虛空」之虛境，目內照「身外虛空」中呼吸來往之氣，耳內聽「身外虛空」中呼吸之細聲。意守、目照、耳聽，三位一體，俱屬於心；「身外虛空」中往來的呼吸，謂之息。要注意不要刻意去控制影響呼吸，而是關照著就好。

　　所謂「根蒂相連」，其丹田為根，鼻為蒂，行氣時，鼻至丹田，上下相連，息息相應，也是順其自然勿忘勿助。起床的時候，一般如果躺著直接太快抬頭起身，對於腰椎容易損傷或是對心血管疾病者不利。最好要先側身，再用手撐，借重槓桿原理緩慢起來。

03 太極 VS 生活日常

◆ 食、衣、住、行、育、樂、社交的注意事項

1. 食

- 用筷子夾菜，手（以右手為例）伸出去的時候，一般是逆時針轉，即是所謂的逆纏（圈），通常大拇指領路；夾菜入口，則是順時針轉或是順纏（圈），小指領路。

- 有時要轉開瓶蓋，可以練習用背肌或腹肌甚至骨盆肌來帶動旋轉，藉以覺察其不同之處。

- 一般年紀漸長，吞嚥能力變差，硬嗆與咳嗽能力也會變弱，增加肺炎的風險，其主要還是因為喉頭（結）肌肉的張力衰退。改善的方式：進食的時候上身挺直些，吞嚥時稍點頭，吞嚥完先吐氣不要馬上吸氣，以及平常做些喉嚨運動，例如，給予阻力，一方面收下顎一方面用手向上推下巴或推額頭；或是做些高音低音輪流的發聲，讓喉頭（結）活動空間變大等等。

- 吃喝和拉撒不能分開，以便祕為例，排解有時越想用力反而越緊繃難以運作，這時深呼吸鬆弛內臟骨盆，反而有緩解的效果。

2. 衣

- 穿脫衣褲裙時，可盡量用放鬆與地心引力動作，不須刻意使力，包括向下鬆開拉鍊等等，許多步驟都能藉鬆沉手腳由地心引力達成。

- 穿襪子時單腳站立，頭不要去就襪子，而要先放在實腳上輕鬆站穩，腰柔軟放鬆，手就能自然碰到襪子了。

- 綁鞋帶時，可以先從坐骨輕鬆的蹲下，再由髖關節鬆開，頭頸腰盡量不要彎曲來繫鞋帶。

3. 住

- 許多人刷牙洗臉都過分用力甚至咬牙切齒，平時可以多注意覺察，改善後，還可減少皺紋。

- 轉開水龍頭時，可用身體帶動手來纏轉；按壓式的水龍頭或沖馬桶，可用手按著以手或身體下沉借地心引力來完成動作。

- 手需要舉高的動作，例如：取放高處物品、吹頭髮、晾衣服等，特別注意鎖骨這個重要的支點。

- 掃地、拖地、吸塵之類的工作，兩腿距離可大些，或利用步法以身體前後移動來從事活動。

- 擦窗戶玻璃時，一般手向外移動較接近逆纏（圈），手向內移動較接近順纏（圈）。（不過這是手心向外的緣故，在太極拳應用上，手背向外時的順逆纏就可能相反。）

- 開關門窗抽屜時可用身體帶動手，向前「推」的動作盡量手指領路，如果是向後「拉」的動作，記得由肘來領路。開關喇叭鎖和轉鑰匙的時候，前面提到的順逆纏（圈）又可以來順便練習一下。

- 平常接聽電話或要拿放小東西，不要忘記由前導邊緣來領路（通常是手指）。

- 搬重物時，切記不要傷到腰椎，上身要直，不要彎；由地下搬起來時，最好如前述的先蹲下方式來進行。如果只是拿取一個稍低又不太重的物品，也可以稍側身一腳站立，由髖關節處鬆開稍折身軀（腰仍不彎）讓手能夠下移，另一腳向外擺來保持平衡。

- 使用電腦時，除了手部要放鬆減少關節生變（手指按鍵時可以放鬆落下），看螢幕（或看文件，報紙）時，要打開視野和其他感官，讓螢幕的圖文被動進入視野，而不是眼睛主動用力地去追逐呈現的內容。

- 平常在接觸與移動什麼東西時，可知覺它的硬軟彈性、平滑粗糙、流動停滯、重心阻力等等。

4. 行

• 在捷運公車上，如果是站著，除了攀附柱子拉環以外，也可試著放鬆順著行進的慣性調整平衡，而不是雙腿用力去保持穩定（當然要注意安全）。

• 開車的時候，方向盤的操縱，例如，要右轉，可以由右手鬆沉，左手順勢向上（而不是左手用力向上帶方向盤）來動作；剎車和油門也可藉地心引力由腳的鬆沉輕提來完成。

• 洗車擦車可運用前面提到擦玻璃的原理。

• 下自用車或計程車時，若不是那麼趕時間，可以先把身體正面轉向車門外腳伸出到地面，再鬆髖關節，起身站起（當然要確定後面沒有來車）。如果坐在開門的較內側，要將身體移到門邊，最好先挪腰移腳，再移上身。

• 走路若提重物，不要把肩膀聳起，不如放鬆肩膀，然後意念上用頭部與鎖骨肩胛骨與胸骨來提，反而會比較輕鬆。

• 路上遇到有人強搶包包，一般做法是手會用力去拉扯，正確的做法是身體鬆沉下蹲。

• 上下樓梯，一方面要輕緩腳步避免衝擊膝蓋；另一方面提腿時，由骨盆或是髖關節與大腿內側啟動。下樓梯要踏出一隻腿時，另一隻支撐腿要全腳掌包含腳趾都能著地，支撐腿可先稍彎較能降低高度。

- 下坡時，可以側身行走，減少骨盆的搖晃，遇到突發狀況時也比較安全。

- 路滑的時候，可以把「邁步如貓行」的觀念盡量發揮，一隻腳沒完全站穩，另腳不會移動踏出，踏出的腳覺得安全了才緩緩移動重心。

- 騎自行車，注意虛靈頂勁以外，上身放直別彎腰，避免椎間盤突出，除了踩踏以外，也要運用腳踏出後拖拉的動能，讓不同肌群適當放鬆，用前腳掌或腳尖來踩踏板，較能放鬆來增加腳部關節活動空間。

5. 育

實務上發現不少運動實例與太極拳理論都有相通，例如，運用在籃球，可幫助避免受傷或是改進射籃勁道；運用在高爾夫可以擊得更遠；運用在網球避免背部力量削弱；柔道、合氣道則將太極拳部分理論發揚光大；運用於跑步可以省力等等。**哈佛大學把太極與游泳、重訓、走路、凱格爾運動，列為五種最佳的運動。**

6. 樂

- 在看電影或欣賞表演音樂會的時候，排隊行進時，可以知覺與前面的人之間距離的維持固定（有外在空間下的不丟不頂）；

坐著欣賞時，可以練習不要靠著椅背，虛靈頂勁，身體正坐在
坐骨上，一兩次以後，會發現原來這樣做也能很輕鬆，慢慢就
會覺察到，原本以為懶散舒服半躺靠在椅背的身體使用方法，
反而會造成痠痛疲累的。

• 打電動滑手機時，也不須彎腰身體縮成一團，稍鬆開寰枕關節
（A. O. Joint，位置約在兩耳垂後方），或稍內縮下巴，不用
低頭也能看到螢幕，減少對脊椎的傷害。

7. 社交

• 講話發聲時，許多人腦子比嘴巴要快半拍，呼吸也常配合不
上，可以試著覺察在將需要吸氣時，先停頓放鬆一下，吸完
氣，然後再繼續發聲。

• 平常遇到想要幫助或樂意接近的正能量對象，自身放輕鬆開
來，也可幫助對方放輕鬆（當然若有身體接觸要對方接受或同
意）。

• 若有遇到厭煩的負能量對象或噪音等等，可以意念上製造一個
空間距離感來阻隔，例如，想像有一些棍子或氣球阻擋在外物
與自己中間。這時自己將能更冷靜放鬆的處理事情，不至於被
情緒所干擾。

04 太極拳的未來發展

《太極拳經》一書裡，最後一句說到：「此係武當張三丰祖師遺論，欲天下豪傑延年益壽，不徒作技藝之末也。」的確，**太多研究都證明太極拳對健康與復健的良好幫助，其對心肺功能、肌耐力、肌少症、肌肉柔韌度以及平衡協調能力的功效也獲得許多認同。**然而對身體健康有益的運動相當多元，或是更有趣的運動也不斷推陳出新，為何選擇太極拳會面臨很大的挑戰？尤其若僅把太極拳當作太極操來練習，不會放鬆或適當運用意念來練習，其效果未必與其他的運動有顯著的差別。

另一個方向是將太極拳視為身心合一的道路。太極拳需要去感知，去領悟；同時，習練太極拳對神經重塑有所幫助，能夠平衡交感神經與副交感神經，也對潛能開發與減緩老人癡呆有相當的效果。

所謂太極拳的生活化，也就是在行處坐臥都應用太極拳的原理，虛靈頂勁全身鬆開，行動時盡量應用地心引力與反地心引力（中文的「動」是重力）。太極與藝術結合也有許多可觀成果，例如：朱銘雕刻的「太極系列」、雲門舞集的「水月」結合了太極導引動作等等；太極拳也與不同專業的結合（例如，風險管理）；太極拳能為文創帶來不少的靈感與養分（如圖）。當然，若能把太極拳視為一種哲學修煉，更能在這受到科技與物慾過分的影響下競爭的社會提供另一盞明燈。

　　最後，太極拳既然要稱為拳，畢竟還是某種武術或功夫，當然，若是想要傳承或擁有武林高手的實力，除了要有緣分遇到明師，本身要吃苦耐勞更是不可或缺，過去有紀錄一些自幼習練太極者在過程中身心傷痕累累的，並非空穴來風。不過話說回來，若僅是為了適當的保護自己或他人，或是遇到一些臨時事故能夠盡量降低傷害，認真適切的拳拳服膺來學習太極拳藝，既不傷身，仍然能有相當的效果。

附錄 主要參考文獻

1. 邱溫 譯《身心合一：探索肢體心靈的奧妙互動》，生命潛能出版社，2009。

2. 沈大白 著《策略風險管理與太極拳理應用》（中英對照），智勝出版， 2018。

3. 呂萬安／郭正典 合著《大家來打太極拳》，科學發展，2006年5月，401期，16～21頁

4. 何靜寒 著《身體基本的筋（勁）路系統》。

5. 林大豐，劉美珠 合著《身心學（Somatics）的意涵與發展之研究》，臺東大學體育學報，創刊號，pp. 249-272，民92。

6. 林淑芬 著《太極彈力帶阻力運動對社區老人生理及健康相關生活品質成效研究》，慈濟大學醫學科學研究所博士論文，2015。

7. 林晏生 譯《人體運動解剖全書》，楓葉社文化，2016。

8. 周延陵等 著《太極傘：武與舞的本體覺POWER》，商鼎出版社， 2015。

9. 易之新 譯《身體的智慧》，張老師文化，2017。

10. 胡善朗 著《起落運動》，影印稿，2019。

11. 陶炳祥 著《太極拳走化論，力與美》，民85.02 頁54-57
（收錄於拳影一世紀）。

12. 陳怡如 譯《動中覺察：改變動作，改善生活，改寫人
生》，心靈工坊，2017。

13. 陳炎林 著《太極拳刀劍桿散手合編》，有甚多翻印版本。

14. 陳傳龍 著《太極拳透視》，金大鼎出版社，2019。

15. 彭建翔／黃詩雲 譯《亞歷山大技巧：身心運用的優化之
道》，心靈工坊， 2019。

16. 楊露禪傳，《楊家太極拳老譜三十二目:固有分明法》。

17. 劉格安 譯，仲谷正史、筧康明、三原 一郎、南澤孝太 合
著《觸覺不思議：從觸感遊戲、感官實驗及最新研究，探索
你從不知道的觸覺世界》，臉譜， 2017。

18. 蔡璧名 著《穴道導引：融合莊子、中醫、太極拳、瑜伽的
身心放鬆術》 2016。

19. 蘇清標 著《太極拳之修煉哲學》，天下雜誌，2019。

20. 戴廷龍 著《聽勁懂勁凌空勁》，世界太極拳聯盟武藝論
壇，2018。

21. Aniansson, A., Per Ljungberg, Ake Rundgren, and Hakon Wetterqvist, "Effect of a training programme for pensioners on condition and muscular strength," Archives of Gerontology and Geriatrics Volume 3, Issue 3, October 1984, Pages 229-241.

22. Colado JC, Triplett NT. "Effects of a short-term resistance program using elastic bands versus weight machines for sedentary middle-aged women," J Strength Cond Res 2008;22:1441-8.

23. Jacobson, Edmund, "Progressive Relaxation, University of Chicago Monographs in Medicine, USA, 1938

24. Knopf, K. "Resistance Band Workbook" Ulysses Press, USA, 2013.

25. Lin, Shu-Fen, Huei-Chuan Sung , Tzai-Li Li, Tsung-Cheng Hsieh, Hsiao-Chin Lan, Shoa-Jen Perng , and Graeme D. Smith, " The effects of Tai-Chi in conjunction with thera-band resistance exercise on functional fitness and muscle strength among community-based older people ," Journal of Clinical Nursing, Jan. 2015.

26. Page, P Philip and Todd S. E. "The Scientific and Clinical Application of Elastic Resistance" Human Kinetics, USA, 2003.

27. Rolf, Ida P., "Rolfing Reestablishing the Natural Alignment and Structural Integration of the Human Body for Vitality and Well-Being", Healing Arts Press, USA.

28. Tao, Ping-Siang, 《太極推手淺説－拳氣的秘密（Taiji Push Hands—The Secret of Qi in Taiji Quan）》（中英對照）

享健康 _006_

彈力帶太極
塑身、防身、防肌少，三效合一生活化

彈力帶與太極的美好邂逅，有效互補與結合！

作　　者	楊典岳、鄧秀娟(JoJo)、沈大白
審　　訂	張耀庭、林銘遠
顧　　問	曾文旭
編輯統籌	陳逸祺
編輯總監	耿文國
主　　編	陳蕙芳
文字編輯	翁芯琍
封面設計	吳若瑄
內文排版	吳若瑄
圖片來源	圖庫網站：shutterstock
法律顧問	北辰著作權事務所

印　　製	世和印製企業有限公司
初　　版	2020年05月
出　　版	凱信企業集團—凱信企業管理顧問有限公司
電　　話	（02）2773-6566
傳　　真	（02）2778-1033
地　　址	106 台北市大安區忠孝東路四段218之4號12樓
信　　箱	kaihsinbooks@gmail.com

定　　價	新台幣320元 / 港幣107元
產品內容	1書

總 經 銷	采舍國際有限公司
地　　址	235 新北市中和區中山路二段366巷10號3樓
電　　話	（02）8245-8786
傳　　真	（02）8245-8718

國家圖書館出版品預行編目資料

彈力帶太極：塑身、防身、防肌少，三效
合一生活化 / 楊典岳、鄧秀娟（JoJo）、
沈大白著 . -- 初版 . -- 臺北市：凱信企管
顧問，2020.05
　面；　公分
ISBN 978-986-98690-3-4(平裝)

1. 太極拳 2. 運動健康

528.972　　　　　　　　　109003985

凱信企管

用對的方法充實自己，
讓人生變得更美好！

凱信企管

用對的方法充實自己，
讓人生變得更美好！

凱信企管

用對的方法充實自己，
讓人生變得更美好！

凱信企管

用對的方法充實自己，
讓人生變得更美好！